궁금해요, 김만덕

초판 1쇄 발행 2020년 12월 23일 | 초판 2쇄 발행 2023년 10월 20일
글쓴이 안선모 | 그린이 한용욱
펴낸이 홍석 | 이사 홍성우 | 편집부장 이정은 | 편집 정미진, 조유진
디자인 권영은 | 외주디자인 신영미 | 마케팅 이송희, 김민경 | 관리 최우리, 김정선, 정원경, 홍보람, 조영행, 김지혜
펴낸곳 도서출판 풀빛 | 등록 1979년 3월 6일 제 2021-000055호
주소 서울특별시 강서구 양천로 583 우림블루나인 A동 21층 2110호
전화 02-363-5995(영업) 02-362-8900(편집) | 팩스 070-4275-0445
전자우편 kids@pulbit.co.kr | 홈페이지 www.pulbit.co.kr
블로그 blog.naver.com/pulbitbooks | 인스타그램 instagram.com/pulbitkids

ISBN 979-11-6172-331-0 74990
　　　 978-89-7474-499-1 (세트)

ⓒ 안선모, 한용욱 2020

이 도서의 국립중앙도서관 출판예정도서목록(CIP)은 서지정보유통지원시스템 홈페이지(http://seoji.nl.go.kr)와
국가자료종합목록 구축시스템(http://kolis-net.nl.go.kr)에서 이용하실 수 있습니다. (CIP제어번호 : CIP2020050427)

*책값은 뒤표지에 표시되어 있습니다.
*파본이나 잘못된 책은 구입하신 곳에서 바꿔드립니다.

품명 아동 도서　　　　　　사용연령 8세 이상
제조국 대한민국　　　　　제조년월 2023년 10월 20일
제조자명 도서출판 풀빛　 연락처 02-363-5995
주소 서울특별시 강서구 양천로 583 우림블루나인 A동 21층 2110호
주의사항 종이에 베이거나 긁히지 않도록 조심하세요.
　　　　　책 모서리가 날카로우니 던지거나 떨어뜨리지 마세요.
KC마크는 이 제품이 공통안전기준에 적합하였음을 의미합니다.

저학년 첫역사 인물 ⑩

아낌없이 베푼
조선 최고의 상인

궁금해요, 김만덕

안선모 글 | 한용욱 그림

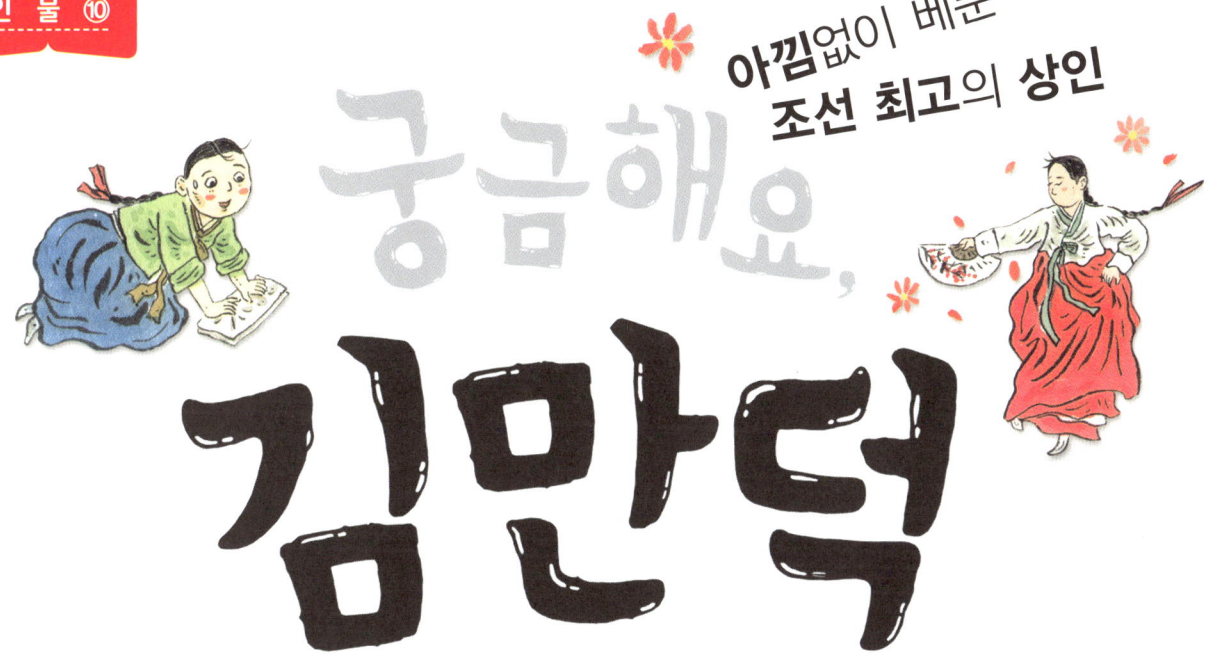

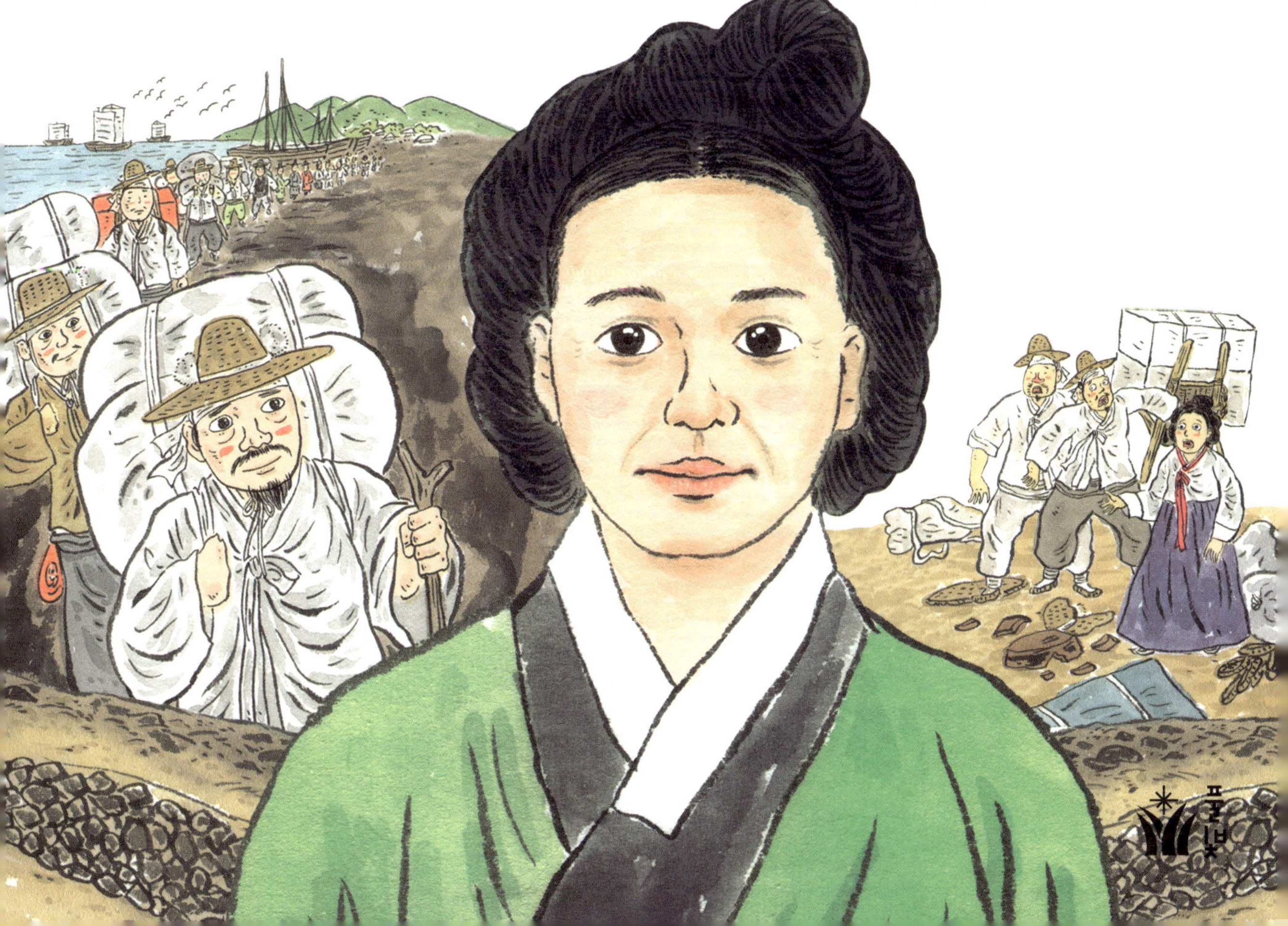

풀빛

작가의 말

지혜로운 여장부, 아름다운 사회사업가

 김만덕 이야기를 쓰면서 '인생 역전'이라는 말이 떠올랐어요. '인생 역전'은 고난과 역경, 시련이 많고 변화가 심하던 인생이 긍정적인 쪽으로 형세가 바뀌는 것을 뜻하는 말이에요. TV 등 여러 매체에서 자주 듣는 말이기도 해요. 인생 역전의 신화를 이루었다는 사람들을 가만히 살펴보면 긍정적이고 도전적인 성격을 갖고 있어요. 또 어려운 환경 속에서도 사람의 도리와 예의를 중요하게 여긴다는 것을 알 수 있어요.

 열두 살에 고아가 되어 두 오빠와 굶주리며 살다가 기생의 수양딸로 들어간 김만덕. 먹을 걱정, 입을 걱정은 덜었지만 자신의 꿈을 이루기 위해 신분을 되찾겠다고 결심합니다. 당시 기생은 천인이었거든요. 천인은 하고 싶은 일을 마음대로 할 수 없었어요. 가난 때문에 어쩔 수 없이 기생이 되었고, 자신은 양인임을 끈질기게 주장해 김만덕은 결국 신분을 되찾아요. 그러고는 바로 장사에 뛰어들지요.

 거침없이 자신의 꿈을 향해 나아가는 모습, 시대가 돌아가는 모습, 물정 등을

꿰뚫어 볼 줄 알았던 명석함과 영민함 때문에 제주도 최고의 거상이 되었어요.

그런데 그것으로 끝났다면 이렇게 후대에 두고두고 김만덕을 이야기하지는 않을 거예요. 김만덕은 이어지는 흉년과 재해로 제주도 백성들이 굶주림에 허덕이고 있을 때 그동안 번 재산을 몽땅 내놓아 쌀을 사들였어요. 고생하며 번 돈을 내놓는다는 게 얼마나 어려운 일인가요? 생각을 행동으로 옮기는 것은 정말 어려운 일이지요. 그런데 그 어려운 일을 김만덕은 척척 해냈어요.

은광연세(恩光衍世), '은혜의 빛이 온 세상에 퍼졌다'라는 뜻이에요. 김만덕이 사망하고 30여 년이 지나 제주도에 유배된 서예가 김정희가 김만덕의 이야기를 듣고 쓴 글이에요.

여성의 활동이 자유롭지 않고 많은 차별을 받았던 조선 시대, 김만덕은 여성이라는 불리한 조건 아래에서 많은 고난을 뚫고 상인으로서 성공했어요. 그리고 어려운 사람들을 위해 자신의 재산을 아낌없이 내놓았지요.

어린이 여러분, 이 책을 읽고 나면 절로 마음이 풍성해질 거예요.

아름다운 나눔의 세계로 풍덩 빠져 보아요.

김만덕의 아름다운 선행이 오늘날에 이르러서도 이어지길 바라면서……

안선모

차례

작가의 말   4

동복 마을 똑순이   8

기생의 수양딸이 되다   20

기생들의 우두머리가 되다   38

양인이 되다   46

장사를 시작하다 54

큰돈을 벌다 68

제주 백성을 구하다 78

육지로 가다 92

금강산 구경을 하다 100

 동복 마을 똑순이

아침을 먹자마자 만덕은 갯가(바닷물이 드나드는 곳의 물가)로 달려 나갔습니다. 눈 닿는 곳마다 보말이 있어서 어느새 구덕(바구니) 밑바닥이 꽉 찼습니다. 만덕은 바닷물에 밀려들어 온 미역

과 톳을 줍고 말미잘과 불가사리, 성게도 챙겼습니다. 문어와 소라가 없는 것이 좀 아쉬웠지만 만덕은 노래를 부르며 집으로 돌아왔습니다.

"오늘도 장사놀이 할 거야?"

작은오빠 만재가 만덕을 힐끗 보며 물었습니다.

"응, 애들이 곧 올 거야. 그때까지 물건을 빨리 진열해 놓아야 해."

그러자 만재가 구멍 송송 뚫린 검정 돌을 낑낑대며 가져왔습니다.

제주도에는 이런 돌이 흔했습니다. 납작하고 평평해서 물건을 진열하기 좋았습니다.

"오빠, 고마워."

만덕은 얼른 갯가에서 주워 온 것들을 종류대로 진열했습니다.

곧이어 동복 마을 여자아이들이 우르르 몰려왔습니다.

"만덕아, 장사놀이 하자!"

만덕이와 동갑내기인 순정이가 말했습니다. 그 말에 만덕은 하얀 이가 드러나도록 활짝 웃었습니다. 만덕은 바닷가에 나가 헤엄치는 것도 좋아하고 소꿉놀이도 좋아하고 공기놀이도 좋아합니다. 그래도 장사놀이를 할 때 가장 신났습니다.

"만덕아, 너 오늘도 가게 주인 할 거지?"

"만덕이가 물건을 팔아야지 재미있어. 우리는 손님 할게."

아이들이 너도나도 말했습니다.

드디어 장사놀이가 시작되었습니다.

"이 미역 얼마예요? 우리 어망(어머니의 제주도 방언) 갖다 줄 건데."

조금 있으면 동생을 보게 될 순정이가 물었습니다.

"한 냥이에요. 최고의 미역이지요."

"근데 좀 비싼 것 같아요."

순정이가 돌아서려 하자, 만덕이 얼른 말했습니다.
"이 미역을 사시면 불가사리를 덤으로 드릴게요."
"불가사리를 사다 뭐하게요? 먹지도 못하는 것을."
순정이의 말에 만덕이 친절하게 설명을 했습니다.
"곧 동생이 태어날 거잖아요. 이 빨간 불가사리를 말려 공중에 걸어 두면 아가들이 참 좋아하지요."

그 말에 순정이 슬금슬금 좌판 쪽으로 다가섰습니다.
"먹지는 못해도 예쁘잖아요. 자, 보세요."
만덕은 불가사리를 들어 올리면서 친절하게 말했습니다.
"살게요. 여기 한 냥 받으세요."
순정은 얼른 조개껍데기 하나를 내밀었습니다.

만덕이보다 한 살 어린 옥이는 톳을 샀습니다. 만덕은 덤으로 말미잘을 주었습니다.

"우리 엄마는 물질하고 나오면 꼭 말미잘탕을 끓인다!"

옥이가 싱글벙글 웃으며 말했습니다.

마지막 손님은 만재 오빠였습니다.

"성게는 모두 얼마예요?"

"모두 다 해서 두 냥입니다."

"너무 비싼데요? 다른 데 가서 살게요."

만재 오빠가 돌아서자 만덕이 얼른 일어나 팔을 잡았습니다.

"아, 손님. 그냥 가시면 제가 섭섭하지요. 이 성게를 사시면 덤으로 보말(고둥의 방언)을 다 드릴게요."

만덕은 보말이 가득 든 바구니를 가리켰습니다.

그러자 작은오빠가 한심하다는 듯이 말했습니다.

"그렇게 다 퍼 주면 손해잖아."

"괜찮아. 보말이야 갯가에 나가면 얼마든지 있는데 뭐."

"그렇게 장사해서 언제 돈을 벌겠냐?"

만재의 말에 만덕이 배시시 웃으며 말했습니다.

"그래도 난 그렇게 장사할 거야. 싸게 많이 팔면 되지 뭐. 그러면 사는 사람도 좋고 파는 사람도 좋고."

오늘도 만덕은 준비한 물건을 다 팔았습니다. 장사놀이를 마친 아이들은 모두 함께 갯가로 나갔습니다. 물장구를 치면서 신나게 놀았습니다. 저 멀리 배 한 척이 보였습니다.

만덕이 한참 동안이나 넋을 잃고 배를 쳐다보았습니다. 순정이 다가와 물었습니다.

"네 아방(아버지의 제주도 방언) 오실 때 되었지?"

"응. 나주에 가서 물건 내려놓고 쌀 사고 그러면 보름쯤 걸린대."

만덕의 아버지는 전라도 나주와 제주도를 오가며 물건을 파는 상인이었습니다. 제주에 많은 미역, 전복, 귤 등을 나주에 갖고 가서 팔고, 육지의 쌀을 제주에 가지고 와서 팔았습니다.
"이번에는 뭘 사 오시려나? 지난번엔 귀한 배를 사 오셨잖아?"
제주도에서는 먹기 힘든 배를 한 쪽씩 얻어먹은 동복 마을 아이들

은 그때 생각을 하며 입맛을 다셨습니다.

만덕의 어머니, 아버지는 좋은 것이 있으면 꼭 이웃과 나눠 먹었습니다.

만덕은 그런 부모 밑에서 자라 남에게 베푸는 것을 좋아했습니다.
아이들은 만덕이 부러워 한참동안 쳐다보았습니다.
"이번엔 내 치마저고리 만들 옷감을 사 오신댔어."
"우와, 만덕이는 좋겠다."
그러자 만덕은 괜히 미안한 생각이 들었습니다.
"나도 이담에 크면 아버지처럼 상인이 될 거야. 돈 많이 벌면 너희들에게 맛난 것도 사 주고, 옷감도 사 줄게."
"정말이야? 만덕이 최고!"
"만덕이는 거짓말을 안 하니까 믿어도 돼!"
"만덕이는 똑똑해서 장사도 아주 잘할 거야. 아마 제주에서 제일가는 부자가 될걸?"
순정이의 말에 만덕은 얼굴이 빨개졌습니다.
"동복 마을 똑순이가 부끄러워할 때도 있네!"
순정이가 놀리듯 말하자, 만덕은 괜히 겸연쩍어 두 다리를 바닷물에 넣고 찰방거렸습니다.

기생의 수양딸이 되다

그런데 아버지가 나주로 떠나신 지 보름째 되던 날, 청천벽력 같은 소식이 전해졌습니다. 아버지가 탄 배가 풍랑을 만나 바닷속에 가라앉았다는 것입니다.

그리고 아버지가 돌아가신 지 반년이 지났을 무렵, 어머니마저 심한 전염병에 걸려 돌아가셨습니다.

만덕은 두 오빠 만석, 만재와 함께 열심히 물질을 하고 밭일을 해도 하루에 죽 한 그릇 먹기가 힘들었습니다.

"고씨 아저씨네 집에서 일꾼으로 오란다."

만석의 말이 끝나자 만재가 모기만한 소리로 말했습니다.

"나는 외삼촌이 거둬 주신대."

"그럼, 나는?"

만덕은 눈을 크게 뜨고 물었습니다.

"너까지 받아 줄 수가 없으시대. 외삼촌네 형편이 너무 안 좋아서."

만덕은 터져 나오려는 울음을 꾹꾹 눌러 삼켰습니다.

"자주 들를게. 열심히 일을 하면 네 밥 한 끼 정도는 오라비가 해결할 수 있어."

만석은 만덕의 눈을 피하며 말했습니다.

"나도 외삼촌한테 너 먹을 양식을 부탁했어."

"알았어, 오빠. 내 걱정은 하지 마."

다음 날, 만석과 만재는 낡은 보퉁이 하나씩 들고 집을 나섰습니다.

사흘이 지나자 큰오빠 만석이 찾아왔습니다.

"만재는 왔었니?"

만덕은 고개를 가로저었습니다.

"많이 여위었구나. 그간에 어떻게 먹고살았니?"

만석은 보따리를 풀어 보릿가루를 꺼냈습니다.

"나, 오라버니들을 보내면서 굳게 결심한 게 있어."

만덕이 침착하게 말을 꺼냈습니다.

"이 모든 게 다 가난 때문이잖아. 나는 그래서 부자가 될 거야."

"부자가 된다고? 어떻게 제주도에서 부자가 될 수 있니? 더군다나 여자의 몸으로……."

"여자라는 이유로 안 된다는 건 말이 안 돼. 난 아버지처럼 상인이 될 거야."

큰오빠는 한숨을 푹 내쉬며 다시 말했습니다.

"말도 안 되는 소리! 여자가 어떻게 상인이 되니?"

만석이 돌아가고 난 후 만덕은 오빠가 주고 간 보릿가루를 꺼내 죽을 쑤었습니다.

제주도에는 세 가지가 많다는 뜻의 삼다(三多), 또 세 가지가 없다는 뜻으로 삼무(三無)라고 일컬어지는 게 있었습니다. 삼다는 여자, 바람, 돌이고 삼무는 도둑, 거지, 대문입니다.

'굶어 죽으면 죽었지 거지는 안 될 거야.'

그동안 만덕은 물만 마시고 버텼습니다. 텁텁한 보리죽을 먹으니 살 것 같았습니다. 만덕은 남은 보릿가루를 소중히 안았습니다. 그러고는 벌떡 일어나 바다 쪽을 향해 크게 외쳤습니다.

"바다야, 바다야! 그만 좀 잔잔해지지 않겠니? 네가 조용해져야 내가 물질을 나갈 수 있다고!"

"바다가 잔잔해지기를 기다리다가 굶어 죽겠다."

귀에 익은 카랑카랑한 목소리가 들렸습니다. 만덕은 소리 나는 쪽으로 고개를 돌렸습니다. 만덕이네 집 근처에 사는 퇴기(전에 기생을 하다가 그만둔 여자) 월중선이었습니다.

"아주머니!"

만덕이 활짝 웃으며 다가갔습니다. 월중선 아주머니는 만덕의 집에서 가까운 무근성 근처에 살았습니다.

"불쌍한 것, 뼈만 남았구나."

만덕의 두 손을 꼭 쥔 월중선의 눈에는 눈물이 글썽글썽했습니다.

열두 살 만덕은 또래 아이들보다 한 뼘이나 키가 컸고 살결이 고왔습니다. 게다가 부지런하고 인정이 많고 똑똑했습니다.

"우리 집에 가서 같이 살자꾸나. 네가 우리 집 살림을 해 주면 되지 않겠니?"

만덕은 잠시 망설였습니다. 양인 출신인 자신이 천인인 기생의 집에 들어가서 허드렛일을 한다는 것이 마음에 걸렸습니다. 하지만 굶어 죽는 것보다는 나을 것 같았습니다.

만덕은 낡은 보퉁이 하나를 들고 월중선을 따라나섰습니다.

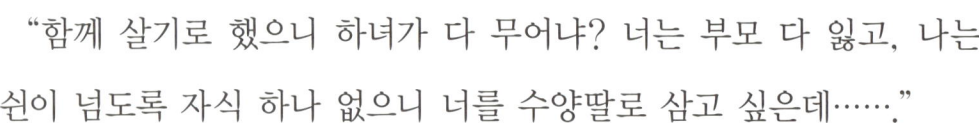

"함께 살기로 했으니 하녀가 다 무어냐? 너는 부모 다 잃고, 나는 쉰이 넘도록 자식 하나 없으니 너를 수양딸로 삼고 싶은데……."

만덕은 평생 기생 생활을 했는데도 소박하게 사는 월중선의 모습이 마음에 들었습니다.

"아주머니가 하자는 대로 할게요."

만덕은 자신을 거두어 준 월중선이 고마워 부지런히 집안일을 했습니다. 덕분에 온 집 안이 환해졌습니다. 집안일을 마치고 나면 만덕은 물질도 하고 밭일도 했습니다.

월중선은 부지런한 만덕이 덕분에 여유로운 생활을 했습니다. 하지만 월중선은 수심에 찬 얼굴로 멍하니 있는 적이 많았습니다.

"어머니, 무슨 걱정 있으세요?"

"아니다. 걱정은 무슨."

월중선은 살래살래 고개를 저었습니다.

어느덧 만덕은 열일곱 살이 되었습니다. 만덕은 활짝 피어나고 있는 꽃송이였습니다. 어찌나 예쁜지 지나가는 사람들도 모두 한 번씩 돌아볼 정도였습니다.

월중선은 한참을 벼르던 끝에 드디어 말문을 열었습니다.

"만덕아, 너는 기생 생활에 대해서 어떻게 생각하니?"

월중선이 예상했던 대로 만덕의 대답은 단호했습니다.

"기생은 천인이잖아요. 저는 양인 출신이에요."

월중선은 입을 다물었습니다. 만덕의 말대로 기생은 사람들한테 손가락질받는 천인이었습니다.

며칠이 지나기를 기다려 월중선은 다시 은근하게 말을 떼었습니다.
"제주도에서 여자로 산다는 건 참으로 고달픈 일이야. 사시사철 죽도록 일을 해야 하지. 게다가 남자들은 고기 잡으러 갔다가 죽고, 물건 팔러 갔다가 죽고, 아예 육지로 나가 돌아오지 않기도 해. 그것에 비하면 기생 생활은 사대부 부인 부럽지 않을 정도로 편안하단다."
만덕은 아무 말 없이 방 걸레질만 했습니다.

"관기로 뽑히면 지체 높고 부유한 양반들만 상대하게 되니 생활도 풍족하단다. 음률도 익히고 서화도 배우면서 윤택한 생활을 할 수 있지. 또 지체 높은 양반들과 세상 돌아가는 얘기도 할 수 있으니

얼마나 좋으냐."

그제야 만덕은 월중선을 빤히 쳐다보았습니다. 그러고는 침착하게 말을 꺼냈습니다.

"어머니께서 저를 기생으로 만들고 싶으시면 저는 기생이 될 수밖에 없어요. 저는 어머니의 수양딸이니까요. 게다가 그동안 저를 먹여 주시고 입혀 주셨으니 하라는 대로 할 수밖에요."

월중선이 만덕을 기생으로 만들려는 이유는 관기로 뽑히고도 남을 만큼 아름다운 외모 때문만은 아니었습니다. 월중선의 나이 이미 쉰 살이 넘었지만 기적(기생의 신분을 기록해 놓는 장부)에서 빠져나올 수 없었습니다. 기적에서 빠져나오는 방법은 두 가지였습니다. 부유한 양인의 첩이 되어 몸값을 지불하거나 쉰 살이 넘어 퇴기가 된 후에 다른 사람을 기적에 올리는 것이었습니다.

"그래, 그렇다면 네가 기생이 되겠느냐?"

"어머니가 되라시면 어쩔 수 없이 기생이 되어야겠지요. 하지만 제 꿈은 상인이 되는 거예요. 기생이 되면 제 꿈은 산산조각이 나는 거고요."

만덕의 대답을 들은 월중선은 고민에 빠졌습니다. 만덕을 억지로 기생으로 만들 수는 없었습니다.

며칠 고심 끝에 월중선은 좋은 방법을 찾아냈습니

다. 그날부터 월중선은 밥을 먹지 않고 누워만 있었습니다.

"어머니, 어디가 편찮으세요?"

"아무래도 의원을 불러야겠구나."

월중선은 미리 의원과 말을 맞춰 놓았습니다. 의원의 진찰이 끝나자, 만덕은 걱정스러운 얼굴로 물었습니다.

"의원님, 어머니의 병명이 무엇인가요?"

"흐흠. 그게…… 마음의 병이 들었소."

"마음의 병이라니 그게 무슨 소리인가요?"

"함께 기생 생활을 했던 사람들은 대부분 양인의 신분이 되었는데 이렇게 나이가 많은데도 기생으로 묶여 있으니 마음의 병이 난 거라오."

의원은 만덕의 얼굴을 흘낏 쳐다보고 한숨을 내쉬며 중얼거렸습니다.

"이러다가 죽는 사람을 여럿 보았지."

만덕은 깜짝 놀라 누워 있는 월중선을 바라보았습니다. 월중선은 슬픔 가득한 얼굴로 천장만 바라보고 있었습니다.

월중선은 만덕의 성격을 너무나도 잘 알고 있었습니다. 만덕은 자기보다 어렵고 힘든 처지에 있는 사람들을 보면 그냥 지나치지 않았습니다.

만덕은 굳게 결심한 듯 월중선에게 말했습니다.

"어머니, 제가 어머니 대신 기생이 될게요."

"아니다. 너 도대체 그게 무슨 소리냐?"

"굶어 죽을 뻔한 저를 데려다 수양딸로 삼아 주셨는데 은혜를 갚아야지요. 이대로 어머니를 돌아가시게 할 수는 없어요."

"고맙구나, 고마워. 너는 분명 훌륭한 명기가 될 게다. 나중에는 부유한 양반의 첩으로 들어가 한평생 편안히 살 수 있을 거야."

"편하게 살고 싶은 생각은 없어요. 저를 데려다 이만큼 키워 주신 어머니의 은혜에 보답하고 싶은 마음뿐이에요."

만덕은 일부러 명랑한 얼굴을 지어 보이며 말을 이었습니다.

"비록 기생이 된다 해도 꿈은 버리지 않을 거예요. 그 꿈은 잠시 미뤄 두겠어요."

월중선은 만덕의 두 손을 꼭 잡으며 말했습니다.

"네 꿈은 알겠다만 상인이 되겠다는 생각은 버리는 게 좋을 게다. 여자로 태어났으니 기생으로 이름을 날려 보려무나. 그러면 돈은 저절로 굴러들 것이야."

만덕은 월중선 모르게 한숨을 쉬었습니다.

🌸 기생들의 우두머리가 되다

월중선의 생각대로 만덕은 관기로 뽑혀 기적에 오르게 되었습니다. 그후 기생들을 대상으로 가무를 관장하는 곳인 교방에서 음률을 익히고 춤과 악기를 배웠습니다. 만덕은 노래도 잘하고 거문고도 잘 탔지만 특히 춤에 뛰어났습니다. 제주 기생은 말을 타면서 춤을 추는 것을 제일로 꼽았는데, 만덕이 말 위에서 춤을 추는 모습은 한 마리의 새가 날아가는 듯했습니다.

 총총히 땋은 머리에 자줏빛 댕기를 매고 붉은 치마저고리를 입은 만덕의 모습은 한 송이 꽃처럼 아름다웠습니다.

 만덕은 얼굴이 예쁘고 재주가 뛰어나서 인기가 대단했습니다. 만덕은 기녀들을 세심하게 관리하고 연회에 참석하였습니다. 틈틈이 수

양어머니인 월중선을 찾아가 문안 인사도 드렸습니다.

만덕은 한양에서 온 양반들과 어울리면서 견문을 넓혔습니다. 만덕을 한 번 본 사람들은 제주도에 내려올 일이 있으면 꼭 만덕을 다시 만나고 싶어했습니다.

"교자상을 내오너라."

만덕의 말에 어린 기생들이 진수성찬이 차려진 상을 내왔습니다. 상 위에는 온갖 음식들이 푸짐하게 놓여 있었습니다.

"이것이 바로 그 유명한 옥돔이구나."

관리들은 상 위의 음식을 보고 한마디씩 했습니다.
"아니, 이것은 그 귀한 표고가 아니더냐?"
한 관리가 눈을 동그랗게 뜨며 접시를 가리켰습니다.
"표고가 귀하다고요?"

만덕이 놀라 물었습니다. 제주도에서는 표고버섯이 흔했습니다.

"귀하다마다. 한양 양반들도 함부로 먹을 수 없는 것이 바로 이 표고란다."

관리들이 저마다 또 한마디씩 했습니다.

"표고는 약재로도 쓰이지. 달여서 즙을 내어 먹으면 여름에 더위를 타지 않게 해 주고, 기침과 설사도 멎게 해 주며 나쁜 피를 없애 주고 식욕을 돋워 주는 귀한 약재라네."

"독버섯을 먹었을 때도 이 표고를 물에 달여 먹으면 금방 효과가 있지."

그 소리를 들은 만덕은 속으로 생각했습니다.

'표고버섯만 한양에 내다 팔 수 있다면 많은 돈을 벌겠구나.'

기방은 음식을 먹는 소리, 술잔을 부딪는 소리, 흥에 겨운 노랫가락 소리, 사람들이 웃고 떠드는 소리로 가득했습니다. 그런데 어디선가 만덕의 귀를 파고드는 소리가 있었습니다.

"엄마, 배고파. 잉잉."

그 소리는 관가 담장 너머에서 들리는 소리였습니다. 배고파서 우는 아이와 아이 엄마가 담장 밑에 쭈그리고 앉아 음식 냄새를 맡고 있었습니다. 관가 바깥은 굶주리는 사람들이 많았습니다.

 잔치가 끝난 뒤 만덕은 남은 음식을 담장 너머 사람들에게 나눠 주었습니다.

 '배고픈 고통은 누구보다 내가 잘 알지. 가난하고 굶주린 저 사람들을 위해 내가 할 수 있는 일이 있을까?'

 만덕은 시간 날 때마다 바닷가를 찾아갔습니다. 포구로 막 들어온 배에는 제주 사람들이 기다리는 육지 물건이 가득했습니다. 제주를 떠나는 배에는 육지 사람들에게 가져다 팔 물건들이 잔뜩 실려 있었습니다.

 "그래, 장사를 하는 거야. 어릴 적부터 나는 상인이 되는 게 꿈이었잖아. 장사를 해서 돈을 벌면 배고픈 사람들을 도울 수 있을지도 몰라."

 만덕은 그동안 잊고 살았던 꿈이 떠올랐습니다.

양인이 되다

'그러려면 양인의 신분을 되찾아야 한다. 평생 기생으로 살 수는 없어.'

며칠 후, 연회에 참석하라는 판관 한유추의 명이 있었습니다.

'좋은 기회다.'

연회 분위기가 무르익자 판관 한유추는 흡족한 미소를 띠었습니다.

"만덕아, 네 소원이 무엇이냐? 내 하나만 들어주마."

만덕은 기품을 잃지 않고 차분하게 말했습니다.

"나리, 저는 본디 양인 출신입니다. 김해 김씨의 후손인데 부모님이 일찍 돌아가셔서 어쩔 수 없이 기생이 되었습니다."

"허허, 그러한가?"

"이제라도 신분을 되찾아 제가 하고 싶은 일을 하며 살고 싶습니다."

"알았다. 내일 관가로 오너라."

다음 날, 만덕은 부리나케 관가로 달려갔습니다. 하지만 판관을 만날 수는 없었습니다.

한유추는 만덕을 피했습니다. 보름이 지나자, 한유추는 만덕을 만나 주었습니다.
"이렇게 하루가 멀다 하고 찾아오니 내가 곤란하구나."
"판관께서 오라고 하셔서 왔을 뿐입니다."
만덕은 차분한 목소리로 말했습니다.
"하지만 전례가 없던 일이라 내가 어찌해 볼 방도가 없구나."
한유추는 만덕을 찬찬히 바라보았습니다. 비록 기생이기는 하나 여느 양갓집 규수 못지않게 단아하고 품위 있는 모습이었습니다.

하지만 만덕은 포기하지 않고 제주를 다스리는 가장 높은 사람인 목사 신광익을 찾아갔습니다. 신광익은 성품이 검소하고 성실한 사람이었습니다. 제주 목사로 부임했을 때 만덕을 딱 한 번 본 적이 있었습니다.
"관기의 신분에서 벗어나고 싶습니다."

 목사는 만덕의 말을 듣고 깜짝 놀랐습니다. 조선 시대에는 누구나 태어날 때부터 신분이 정해져 있었습니다. 또 신분을 마음대로 바꿀 수는 없었습니다. 더군다나 관가에 속한 기녀는 나라의 재산이었습니다.

만덕은 또박또박 이유를 설명했습니다.

"저는 본디 양인 김응렬의 자식으로 태어났습니다. 어린 나이에 부모님이 돌아가셔서 어쩔 수 없이 관기의 수양딸이 되었던 것입니다. 이제 본래의 신분으로 돌아가고자 하오니 부디 허락해 주십시오"

그러자 목사는 만덕을 설득하기 시작했습니다.

"관기가 신분은 천하지만 양인들보다 배불리 먹고 편히 살 수 있다는 걸 모르느냐?"

목사뿐 아니라 주위 사람들 모두 만덕을 말렸습니다. 기녀는 나라에서 먹을 것이며 입을 것을 보살펴 주지만, 양인들은 하루하루 먹고 사는 일이 걱정이었습니다.

"저는 따로 하고 싶은 일이 있습니다. 장사를 해서 큰 상인이 될 것입니다."

그 말을 들은 사람들은 모두 만덕을 비웃었습니다.

"뭐? 장사를 하겠다고? 만덕아, 네가 여자인 걸 잊었느냐? 여자가 무슨 장사를 한다고 그러느냐?"

"여자여서 장사를 하는 것이 남자보다 힘들 수는 있습니다. 하지만 법으로 금지된 일은 아닙니다. 다만 기녀의 신분으로는 장사를 할

수 없습니다. 그래서 제가 양인의 신분을 되찾으려 하는 것이고요."

"더 이상 듣고 싶지 않으니 이제 그만하고 돌아가거라."

목사는 고개를 살래살래 저었습니다.

하지만 만덕은 몇 날 며칠이 지나도 그 자리에서 꼼짝도 하지 않았습니다. 죽음을 각오한 만덕의 행동에 목사는 혀를 찼습니다.

"쯧쯧, 네 고집이 정말 대단하구나. 꼭 양인이 되어야 하겠느냐?"

"저는 양인이 되어 하고 싶은 일을 하면서 살고 싶을 뿐입니다."

만덕은 쓰러질 것 같았지만 또박또박 말했습니다.
"네 뜻은 충분히 알았다. 하지만 이 일은 나 혼자 결정할 문제가 아니다. 판관과 의논을 해 보겠다."
목사 신광익은 천인 신분을 없애 주는 면천 문제를 판관 한유추와 의논하였습니다.

한유추는 만덕을 양인의 신분으로 회복시켜 주기 위해 제주 목사에게 말할 기회를 엿보고 있었던 터라 적극적으로 동의하였습니다.

스물세 살이 되었을 때, 만덕은 드디어 양인 신분을 되찾았습니다.

 # 장사를 시작하다

김만덕은 바닷가 포구에 작은 객주를 차렸습니다.
'어떻게 하면 장사를 잘할 수 있을까?'

만덕은 시간 날 때마다 객주에 드나드는 사람들과 이런저런 이야기를 나누었습니다. 오랫동안 장사를 해 온 상인들에게는 물건을 사고

파는 법을 배웠고, 물건을 팔러 온 육지 사람들에게는 바깥세상이 어떻게 돌아가고 있는지를 들었습니다.

'제주의 특산물은 말과 말총으로 만든 갓이 전부이다. 그것 말고 또 뭐가 있을까?'

만덕은 기생 생활을 하면서 제주도에서 흔한 것이 한양에서는 귀하다는 것을 알고 있었습니다.

"제주도에서는 우황을 손쉽게 구할 수 있지만 한양에서는 녹용이나 인삼보다 귀하다. 반대로 목화는 제주도에서는 구하기 힘든 것이다."

만덕은 미역, 전복, 표고, 양태, 녹용, 귤 등을 제주 사람들로부터 비싼 값에 사들였습니다. 그러고는 상인들에게 육지에 가서 팔도록 했습니다.

"돌아오는 길에는 쌀과 소금을 사 오세요."

상인들이 육지에서 물건을 갖고 오면 만덕은 제주 사람들에게 싸게 팔았습니다.

"좋은 물건을 비싼 돈 주고 사 왔으면 우리도 비싸게 팔아야지. 이렇게 장사해서 언제 돈을 벌 거야?"

그즈음 만덕의 객주 일을 도와주고 있던 큰오빠 만석이 못마땅한 듯 물었습니다.

"오라버니, 오로지 돈을 벌기 위해서 장사를 해서는 안 돼요."

"장사꾼이 돈 벌려고 장사를 하는 거지, 도대체 뭣 때문에 장사를 하는 거냐?"

그러자 만덕은 차분하게 대답했습니다.

"돈을 벌 목적으로 장사를 하는 상인은 오히려

큰돈을 벌기 힘들어요. 물건에 적당한 값을 붙이지 않고 무조건 비싼 값을 받으려 들기 때문이지요. 그러면 그 물건을 산 사람은 다시는 그 객주를 찾지 않을 거예요. 좋은 상인은 사람들이 필요로 하는 것이 무엇인지 알고, 그것을 쉽게 구할 수 있도록 도와주는 사람이라고 생각해요."

만덕은 장사를 할 때 세 가지 원칙을 지키려고 노력했습니다. 첫째, 이익을 적게 남기고 많이 팔 것. 둘째, 적정한 가격에 사고팔 것. 셋째, 정직과 신용을 지키는 것이었습니다. 김만덕은 다른 사람에게 손해를 끼치면서 혼자 잘살기를 바라지 않았습니다.

시간이 흐르자, 김만덕의 객주를 찾는 사람들이 점점 많아졌습니다. 믿을 수 있는 물건을 다른 객주에 비해 싼값에 살 수 있었기 때문이었습니다.

 장사가 잘되자 김만덕을 시기하는 사람들도 생겼습니다. 어느 날, 제주에서 크게 장사를 하는 한 상인이 김만덕의 장사를 망쳐 놓을 작정으로 훼방꾼들을 보냈습니다.

"여자가 감히 장사를 한다고? 암탉이 울면 집안이 망한다고 했어!"

그러면서 훼방꾼들은 객주의 물건들을 내던지고 발로 찼습니다. 또 험상궂은 얼굴로 손님들에게 소리를 질렀습니다.

"계집이 장사하는 데 드나드는 것들, 어디 얼굴 좀 보자."

훼방꾼들은 손님들이 나타날 때마다 겁을 주고 협박했습니다. 그러자 점점 손님들이 오지 않게 되었습니다.

"만덕아, 역시 여자에게 장사는 무리인가 봐. 여자라고 얕보고 이렇게 행패를 부리니."

만석이 한숨을 내쉬며 말했습니다. 하지만 김만덕은 침착한 얼굴로 문제를 해결할 방법을 생각했습니다.

며칠 후, 김만덕은 객주에 버티고 있는 훼방꾼들에게 말했습니다.

"우리 객주를 이렇게 날마다 지켜 주어서 고맙습니다. 보답으로 음식을 준비했으니 많이들 들어요."

만덕은 훼방꾼들 앞에 맛있고 귀한 음식들을 가득 차려 주었습니다.

"뭣 때문에 이러는 거요? 우리가 밉지 않소?"

"하나도 밉지 않아요. 자식들하고 먹고살려면 무슨 일이든 해야 하잖아요."

만덕의 말에 훼방꾼들은 부끄러워 고개를 숙였습니다. 훼방꾼들은 잠시 주저하다가 허겁지겁 음식을 먹기 시작했습니다.

만덕은 조심스럽게 물었습니다.

"우리 객주에 사람들이 필요한데, 여기서 일하면 어떻겠습니까?"

훼방꾼들은 믿을 수 없다는 표정으로 김만덕을 쳐다보았습니다.

"일한 대가는 잘 쳐 드리겠습니다."

훼방꾼들은 당황하여 말까지 더듬거렸습니다.

"원, 원수 같은 우리에게 일자리를 주다니……. 믿을 수 없어요. 그, 그동안 우리가 한 짓을 용서해 주세요."

김만덕은 훼방꾼들의 손을 잡고 말했습니다.

"제주에서 살기 참 힘들지요. 우리 함께 열심히 장사해요."

김만덕의 객주는 다시 사람들로 북적였습니다. 물건을 사려는 사람뿐 아니라 팔려는 사람들도 많이 찾아왔습니다.

육지에서 물건을 갖고 와 제주에 파는 상인들은 김만덕의 객주에 서로 좋은 물건을 갖다주려고 했습니다. 김만덕의 객주에서는 물건값도 후하게 쳐 주었고 또 물건도 많이 팔 수 있기 때문이었습니다.

날이 갈수록 객주가 잘 되자 오빠 만석은 싱글벙글 웃음이 떠나지 않았습니다.

"만덕아, 너는 정말 타고난 상인이야."

김만덕은 조용히 고개를 저으며 말했습니다.

"아직 끝이 아니에요. 나는 제주에서 가장 큰 상인이 될 테니까요."

그러면서 만덕은 기생 생활할 때의 기억을 떠올렸습니다.

"그래! 이번에는 부유한 양반과 양인들을 대상으로 물건을 팔아 보자."

만덕은 상인들을 불러 모았습니다.

"한양에서 장신구와 화장품을 사 오도록 하세요. 장신구는 화려하지 않으면서 은은하고 기품이 있는 것으로 고르세요. 분을 고를 때는 반드시 냄새를 맡아 보아 향이 독하지 않은 것으로 고르셔야 합니다."

만덕은 하나하나 꼼꼼하게 일렀습니다.

상인들이 장신구와 화장품을 사 오자 만덕은 제주에서 부자로 소문난 집을 차례로 찾아갔습니다.

"어머나! 이건 처음 보는 장신구야."

부잣집 마나님들은 눈이 휘둥그레져서 장신구와 화장품을 바라보았습니다. 가져온 물건들은 모두 비싼 값에 팔았습니다.

"이제 육지에 내다 팔 물건들을 사자."

만덕은 제주 사람들이 갖고 온 물건들을 비싸게 사 주었습니다. 만덕이 물건값을 비싸게 쳐 주자, 여자라고 우습게 여겼던 사람들이 하나둘 다시 돌아왔습니다.

 # 큰돈을 벌다

그러던 어느 날이었습니다. 만덕의 객주에 가끔 들르던 전라도 상인이 찾아왔습니다.

"목화 좀 사 주시게나."

"지금 누가 목화를 사겠어요? 얼마 전에 설이 지나서 옷을 해 입는 사람들이 없어요."

그러자 상인이 울상을 지으며 말했습니다.

"풍랑을 만나 이렇게 늦게 도착했다오. 어머니가 병환 중이라 집에 빨리 돌아가야 하는데 큰일이오. 목화를 그대로 싣고 돌아갈 수는 없잖소?"

잠시 후, 김만덕이 결심한 듯 물었습니다.

"갖고 오신 목화값이 모두 얼마예요?"

"옷감과 솜값을 모두 합해 1,200냥이오."

그러자 만덕이 곤란한 표정을 지으며 말했습니다.

"저의 총 재산은 천 냥 정도예요. 200냥이 모자라네요."

"아니, 아니! 됐소. 그거라도 주시면 고맙겠소이다."

상인은 만덕의 마음이 바뀔까 봐 얼른 돈을 받고는 떠났습니다. 수북하게 쌓여 있는 옷감과 목화를 보고, 오빠 만석이 화를 벌컥 냈습니다.

"도대체 너 정신이 있는 거냐? 어려운 사람을 도와주는 건 좋은 일이지만, 네 앞가림은 해야지."

그런데 깜짝 놀랄 일이 벌어졌습니다. 그해 겨울에 목화가 동이 났습니다. 목화 농사가 잘 안 되어 목화값이 하늘 높은 줄 모르고 뛰었습니다.

만석이 흥분하여 말했습니다.

"아이고, 만덕아! 이게 무슨 일이냐? 이참에 비싸게 받아서 돈 좀 벌어 보자. 아마 50배를 불러도 너도나도 살 거야."

잠시 후, 만덕이 조용히 대답했습니다.

"딱 열 배만 더 받겠어요. 천 냥이 만 냥 되었으면 그것으로 충분해요."

만덕은 눈앞의 이익보다는 사는 사람이나 파는 사람이나 합리적으로 인정할 수 있는 적정 가격을 붙여야 한다고 생각했습니다.

갖고 있던 목화는 순식간에 다 팔렸습니다. 만덕은 '만 냥 부자'가 되었습니다.

"이 돈으로 사업을 늘려야겠어요. 배를

사들이고 우리 객주 일만 봐주는 상인을 고용할 생각이에요."

"배, 배를 사들인다고?"

만석이 놀라 입을 크게 벌렸습니다.

"배를 사들이고 상인을 고용하면 물건을 사고파는 일이 훨씬 쉬워질 거예요."

"그걸 누가 모르겠냐? 배를 가지고 있는 상인은 하나도 없는데……. 만덕아, 배가 얼마나 비싼 줄 아느냐? 게다가 풍랑을 만나 부서지기라도 하면 애써 모은 돈을 죄다 바닷물 속에 쏟아붓는 것이잖니!"

"오라버니가 이 일을 맡아 주세요. 아주 튼튼한 배를 만드는 거예요. 돈은 아끼지 말고 최고로 좋은 재료를 써야 해요. 인부들은 항상 배부르게 먹여야 하고요."

만석은 고개를 끄덕였습니다.

"그리고 또 하나, 만덕이 상인들을 고른다고 소문을 내세요. 그럼 최고의 상인들이 몰려들 거예요. 저는 지금 관가에 다녀올게요."

"아니, 관가에는 무슨 일로?"

오빠 만석이 불안한 듯 만덕을 쳐다보았습니다. 동생 만덕이 관가에 소속된 기생이었던 기억이 떠올라서였습니다.

"이익을 적게 남기고도 돈을 벌려면 많이 팔아야 하잖아요. 관가에는 사람이 많으니 필요한 물건도 많을 거예요."

만덕의 대답에 만석이 쑥스러운 듯 말을 꺼냈습니다.

"내가 그동안 너를 잘못 보았구나. 제주 사람들에게 물건을 사들일 때 한 푼도 깎지 않는 걸 보고 장사를 할 줄 모른다고 생각했지. 또 전 재산을 털어 필요하지도 않은 목화를 사들이는 것을 보면서도 그렇게 생각했고. 근데……"

만석은 만덕을 쳐다보며 빙그레 웃었습니다.

"이젠 군소리 없이 네가 하자는 대로 할 거야. 무조건."

만덕은 작은 것에 연연하지 않고 먼 미래를 보면서 큰일을 계획했습니다. 또 장사에 필요한 가장 큰 재산은 돈이 아니라 사람이라고 생각했습니다. 그래서 언제나 정직하고 성실하게 거래하고 신용을 지켰습니다. 지금 당장은 손해를 보더라도 몇 개월 뒤, 몇 년 뒤를 생각해서 판단하고 행동했습니다.

관가에 물건을 납품하게 되자 포구는 더욱 활기를 띠었습니다. 객주에는 상인들이 몰려들었고 물건들이 넘쳐 났습니다.

"김만덕하고 거래하면

손해 볼 일이 없어."

"그럼, 그럼! 김만덕의 물건은 믿을 수 있어."

사람들은 만덕을 기생이 아닌 상인으로 대했습니다. 만덕은 사업이 번창해 많은 상인들과 하인들을 거느렸습니다.

만덕은 물가의 변동과 기후에 따라 생산량을 조절하면서 장사를 했습니다.

"미역은 봄철에나 채집할 수 있으니 거기서는 손 떼고 우리는 양태(바닷물고기 중 하나)를 사들여요."

양태로 이익을 본 후, 만덕은 이렇게 지시했습니다.

"양태에서 그만 손 떼고, 좋은 진주를 후한 값에 사들이세요."

"아니, 언제는 양태만 사라더니?"

"너도나도 다 양태만 팔려고 하니 곧 물건값이 뚝 떨어질 거예요. 그러니 얼른 진주를 사들이세요."

모든 것은 만덕의 예상대로 돌아갔습니다. 그렇게 하여 만덕은 제주에서 제일가는 부자가 되었습니다.

 제주 백성을 구하다

1790년(정조14년)부터 시작된 흉년은 4년 동안 계속되었습니다. 제주 백성들은 먹을거리가 없어 굶주림에 허덕였습니다.

만덕의 나이 쉰다섯이었습니다.

"만덕 할망, 만덕 할망! 먹을 것 좀 주세요."

"만덕 할망! 배고파요!"

포구에는 거지들이 몰려들었습니다.

"제주에는 도둑, 거지, 대문이 없는 것이 큰 자랑이었다. 하나 지금은 온 백성이 거지가 되었다. 도대체 나라에서는 무엇을 하고 있나?"

만덕은 서둘러 관가로 나갔습니다. 제주 목사 이철운을 만나기 위해서였습니다.

"사또는 아이들이 배고프다 우는 소리가 안 들리십니까? 굶어 죽은 시체가 썩어 가는 냄새가 안 나십니까?"

"어허, 네가 뉘 앞이라고 그렇게 입을 놀리느냐?"

"백성들을 돌봐 주세요. 수많은 목숨이 사또 한 분께 달려 있습니

다."

"듣기 싫다! 당장 내 앞에서 물러나거라!"

만덕은 제주 목사에게서 아무것도 기대할 수 없다는 것을 깨닫고 마을 입구에 가마솥을 여러 개 걸었습니다.

"원하는 사람 누구에게나 보리죽을 퍼 주게나."

보리죽을 얻어먹기 위해 끝도 없이 사람들이 몰려왔습니다.

"요즘에는 물건 사는 돈보다 마을 사람들 먹이는 데 쓰는 돈이 더 많으니 어떻게 하려고 그러느냐?"

오빠 만석이 걱정스러운 듯 물었습니다.

"오라버니, 지금은 장사보다는 사람들 살리는 게 우선이에요."

안타깝게도 흉년이 계속되었습니다. 조정에서는 궁중에 바쳐야 하는 물건과 약재를 면제해 주고 곡식을 실어 날랐으며, 특별히

어사를 파견해 감독하도록 했습니다. 어사로 파견된 심낙수는 이철운의 횡포를 정조에게 보고했습니다.

 정조 임금은 백성을 위해 조정에서 내려보낸 곡식인 진휼곡을 가로채고 관리들로부터 뇌물을 받은 이철운을 잡아들였습니다.

그 자리에 심낙수가 부임했습니다.

심낙수는 정조에게 계속 구호를 요청했습니다.

"백성이 죽는 것을 더 이상 볼 수가 없습니다. 쌀을 보내 주십시오."

하지만 반대하는 신하들도 있었습니다.

"흉년의 어려움은 제주만의 문제가 아닙니다. 다른 지방도 마찬가지입니다."

"육지 백성들도 고통당하고 있는데 그것을 빼앗아 제주로 보낼 수는 없습니다."

심낙수는 이에 굴하지 않고 계속하여 상소를 올렸습니다. 그러자 정조가 드디어 명을 내렸습니다.

"육지 백성들은 다른 곳으로 옮겨 사는 길이라도 있으나, 제주 백성은 그렇지 못하니 얼른 쌀 만 석을 보내시오."

소식을 들은 제주 사람들은 기뻐 환호성을 질렀습니다.

하지만 곡식을 싣고 오던 배가 거센 풍랑을 만나 침몰하고 말았습니다. 만천 석을 싣고 오던 배들 중에 다섯 척이 침몰하여 거의 모든 쌀이 물에 잠겨 버렸습니다.

제주 사람들은 두려움에 떨며 죽을 날만을 기다렸습니다.

만덕은 고심 끝에 결단을 내렸습니다.

"상인들을 모조리 객주로 불러들이게나."

한달음에 달려온 상인들에게 만덕은 갖고 있던 돈을 몽땅 내놓았습니다.

"평생동안 모은 돈이네."

상인들은 영문을 몰라 만덕을 뚫어지게 바라보았습니다.

"이 돈을 가지고 육지로 나가서 쌀을 사 오게. 제주 백성들을 죽음에서 구할 쌀이니 무사히 싣고 돌아와 주기 바라네."

상인들은 처음에 만덕이 쌀장사를 하려는 것이라고 생각했습니다. 그런데 무리 중에서 한 상인이 소리쳤습니다.

"만덕 할망! 훌륭하십니다! 제주 백성들을 위해 전 재산을 내놓으시다니!"

그제야 상인들은 만덕의 뜻을 알아챘습니다.

"나는 전 재산을 털었으니 당신들에게 줄 품삯도 없소. 자네들 손에 제주 백성의 목숨이 달려 있다네."

그때 오빠 만석이 울부짖듯 외쳤습니다.

"평생 아끼면서 모아 온 돈을 다 내놓다니! 모시옷 한 번 안 입고, 진주 반지 한 번 껴 보지 않고, 거친 음식 먹으면서 모아 온 돈을……."

"오라버니, 내가 이만한 거상이 될 수 있었던 것은 다 제주 백성 덕분이 아니겠어요? 마을 사람들이 물건을 대 주고 또 사 주었기 때문에 부자가 된 것이지요. 나를 거상으로 만들어 준 사람들에게 다시 돌려주는 것이니 너무 슬퍼하지 마세요."

만덕의 말이 끝나자 상인들이 너도나도 외쳤습니다.

"품삯은 안 받아도 좋소이다."

"육지에 있는 쌀을 얼른 실어 옵시다."

"하루라도 빨리 떠나야 합니다."

만덕은 큰 배 두 척을 구하여 상인들을 전라도로 보냈습니다.

상인들이 떠난 지 사흘째 되는 날, 쌀을 가득 실은 배가 제주도로 돌아왔습니다. 모두 500석이었습니다.

"저것이 다 쌀인가? 하도 굶어서 헛것이 보이는 건가?"

"육지도 흉년이라는데 저 많은 쌀을 어떻게 구했을까?"

"이제 조선 땅에 만덕만 한 부자가 없겠어."

마을 사람들은 쌀을 배에서 내리는 모습을 넋을 잃고 바라보았습니다.

"만덕은 저 쌀을 얼마에 팔까요?"
"그게 궁금한가? 그래, 쌀 살 돈은 있고?"
"쌀 살 돈이 어디 있어? 한 됫박만 가졌으면 소원이 없겠네."
허기진 배를 움켜쥐고 사람들은 쌀 구경을 했습니다.
"50석은 굶주리고 있는 친척들에게 나눠 주고, 나머지 450석은 관가로 옮기세요."
만덕의 말에 사람들은 비로소 만덕이 쌀을 팔려는 것이 아님을 알게 되었습니다.

사람들은 쌀들의 행렬을 따라 관가로 줄지어 들어갔습니다.
당시 제주 목사는 이우현이었습니다. 이우현은 쌀가마니가 차곡차

곡 마당에 쌓이는 것을 보고 깜짝 놀랐습니다.

"아니, 이것이 다 무엇인고?"

"곡식입니다. 하루 속히 제주 백성을 살리십시오."

만덕의 대답에 이우현은 입이 딱 벌어졌습니다.

"어찌, 어찌 이런 일이! 그대는 정말 훌륭한 상인이오."

관가에는 몰려든 사람들이 활짝 웃으며 말했습니다.

"만덕이 제주 백성을 살렸다!"

"고마워요, 만덕 할망!"

마을 사람들은 눈물을 흘리며 큰 소리로 외쳤습니다.

만덕은 조용히 관가를 빠져나왔습니다. 만덕이 지나갈 때마다 사람들이 길을 비키며 만덕에게 고개를 숙였습니다.

곡식을 나누어 준 이우현은 제주의 부자들 중에 백성을 구하기 위해 구휼미를 낸 사람들을 조정에 보고하였습니다.

'전 현감 고한독은 300석을 냈고, 장교 홍삼필과 유학 양성범은 각각 100석을 구휼미로 냈다.'는 내용이었습니다.

하지만 무려 500석이나 낸 만덕의 이름은 없었습니다. 벼슬자리에 있지도 않았고, 여자였기 때문이었습니다.

 육지로 가다

만덕의 자선이 조정에 알려진 것은 1년이 지난 후였습니다. 만덕의 자선을 알게 된 정조는 깜짝 놀라 말했습니다.

"양반도 아니고, 남자도 아닌 제주도 아낙이 어찌 그런 큰일을 할 수 있다는 말인가? 500석이나 되는 쌀을 구하여 백성의 목숨을 구했다니 놀랍구나. 여자라니 벼슬을 줄 수도 없고 양인이라니 면천할 일도 없어 어떤 상을 내려야 할지 막막하구나."

정조는 제주 목사 이우현에게 명을 내렸습니다.

"김만덕에게 소원이 있다면 쉽고 어렵고를 따지지 말고 특별히 베풀도록 하라."

그리하여 이우현은 만덕을 찾아와 임금의 뜻을 알렸습니다.

"사람들에게 칭찬을 받기 위해서 한 일도 아니고 나라에서 상을 받기 위해 한 일도 아닙니다."

만덕은 차분한 목소리로 대답했습니다.

"어명이오. 제발 나를 보아서라도 소원을 말해 주시오. 평생 모은 재산을 다 잃었으니 돈을 달라고 하면 어떻겠소?"

만덕은 고개를 살래살래 저으며 생각에 잠겼습니다. 그때 기생 시절 한양에서 온 양반들이 가지고 있던 부채가 떠올랐습니다.

"육지에는 금강산이 있다지요? 임금님 계신 궁궐에 가서 용안이나 뵈옵고, 금강산이나 한번 보고 죽으면 소원이 없겠습니다."

만덕의 말을 들은 이우현은 깜짝 놀랐습니다.

"이 나라에는 법이 있소. 제주도 사람은 육지 땅을 밟을 수 없다

는 '출륙 금지령(조선 중기 제주도민들이 제주 섬을 떠나는 것을 금지한 정책)'을 모르시오?"

"하지만 제 소원은 그것밖에 없습니다."

만덕이 온화하게 웃으며 대답했습니다.

"금강산이 좋다고는 하지만 제주의 한라산과 뭐 그리 다르겠소? 그러니 다른 소원을 말해 보시오."

"한라산은 실컷 보았으니 이제 육지에 있는 금강산을 보고 싶습니다."

이우현은 정조에게 아뢸 일을 걱정하며 자리에서 일어섰습니다. 소식을 들은 정조는 껄껄 웃었습니다.

"과연 천여 명을 살릴 만한 큰 그릇이구나. 어떠한 소원도 다 들어주겠다 했으니 국법을 어겨야겠군."

병진년(1796년) 가을, 만덕의 나이 쉰여덟 살이 되었을 때 만덕은 제주 여자로는 처음으로 육지로 나가게 되었습니다.

"만덕 할망, 잘 다녀오시오."

마을 사람들은 김만덕이 유람을 떠나는 것을 내 일처럼 기뻐했습니다.

"스스로 기생의 신분에서 벗어나지를 않나, 육지 땅을 밟지를 않나. 만덕은 여장부가 틀림없어."

사람들은 만덕의 배가 바다에서 완전히 사라질 때까지 손을 흔들었습니다.

육지에서 만덕을 맞은 건 영의정 채제공이었습니다. 정조가 만덕을 얼마나 각별하게 생각하는지 알 수 있었습니다.

채재공은 일흔일곱 살로 백발이 성성하였고 눈빛은 맑았습니다.

"오시느라 수고하셨소."

"먼 길을 오시게 하였습니다."

만덕은 다소곳하게 인사를 했습니다.

"임금님을 뵈려면 벼슬이 있어야 한다오. 제주는 뛰어난 의녀를 배출한 곳이니 의녀의 직함을 받는 것이 좋겠소이다."

그리하여 만덕은 의녀 가운데 으뜸가는 벼슬인 '의녀반수'로 임명되었습니다.

자격을 갖추자, 만덕은 궁궐로 들어갔습니다. 만덕은 정조 앞에서 큰절을 올렸습니다.

"네가 제주의 거상 김만덕이구나. 금강산을 보고 싶다 하였느냐?"

"예. 그렇사옵니다."

"과인도 아직 금강산을 구경하지 못했다. 산이 무척 험하다고 들었는데 괜찮겠는가?"

"이렇게 임금님을 뵈옵고 금강산을 유람한다면 제 한평생 다른 소원은 없을 듯합니다."

정조는 김만덕을 보고 흐뭇한 미소를 지었습니다. 정조는 만덕에게 명주 다섯 필을 상으로 내렸습니다.

만덕은 그다음 중전을 만나러 갔습니다.

"여자의 몸으로 태어나 굶어죽는 사람 수천 명을 살리다니 이 얼마나 기특한 일인가!"

중전은 만덕에게 장신구를 상으로 내리고 칭찬하였습니다.

금강산 구경을 하다

"예순을 바라보는 나이로 찬바람이 부는 계절에 산행을 한다는 것은 위험한 일이다. 그러니 금강산은 내년 3월에 가도록 하라."

정조 임금은 선혜청에 명하여 만덕에게 월급을 주고 편히 지낼 수 있도록 하였습니다.

김만덕이 한양에 머무르는 동안 이름 있는 양반들이 앞다투어 찾아왔습니다. 그중에는 글을 쓰는 선비들이 많았습니다.

병조 판서 이가환은 만덕의 외모를 보고 깜짝 놀랐습니다.

"예순쯤 된다 들었는데, 어찌 이리 맑으시오?"

정약용도 만덕을 찾아왔습니다.

"그대는 참으로 기특하고 희귀한 사람이오."

정약용의 말에 만덕은 의아해하며 물었습니다.

"희귀하다니요? 그게 무슨 뜻인지요?"

김만덕의 물음에 정약용이 차분히 대답했습니다.

"섬사람으로 육지 사람들의 사랑을 한 몸에 받고 있으니 말이오.

그리고 조선 땅 어느 여자가 독신으로 평생을 수절하면서 살 수 있겠소? 그러니 희귀한 일이지요. 또 여자로서 겹눈이니 그 또한 희귀한 일이 아닐 수 없소."

중국에까지 이름이 알려진 학자 박제가도 만덕을 보러 왔습니다.

"임금께서 소원을 물었는데 부귀영화 다 마다하고 금강산을 보기 원했다 하여 대체 그 연유가 무엇인가 하였더니 이제야 알겠네요."

박제가는 너털웃음을 웃으며 말을 이었습니다.

"그 기백이 땅에 있지 않고 하늘에 있었군요. 여자 몸으로 겹눈을 지니고 있으니 놀라운 일입니다."

박제가는 정약용과 마찬가지로 만덕에게 겹눈을 가지고 있다 하였습니다.

만덕이 눈에 보이는 것만 보지 않고 사람들의 마음을 보살피고 목숨까지 구했으니 보통 사람이 아니라는 뜻이었습니다.

"겹눈이 아니고시야 어찌 여자의 몸으로 그런 일을 할 수 있었겠소? 이야기는 많이 들었지만 직접 보니 내 생각이 틀리지 않았음을 알 수 있었소."

이듬해 봄이 되자, 만덕은 금강산으로 향했습니다. 가벼운 발걸음으로 금강산에 오르기 시작한 만덕의 산행은 초가을까지 이어졌습니다. 여러 달에 걸쳐서 금강산을 구경한 것이었습니다.

"과연 금강산은 하늘과 땅이 조화를 부려 만든 예술 작품이구나. 1만 2천 봉우리들이 저마다 다른 모습을 하고 있네. 세존봉은 마치 부처님이 굽어보는 모습 같고, 옥녀봉은 선녀가 서 있는 모습 같고."

만덕은 감탄사를 내뱉으며 금강산 구경을 했습니다.

수천 개의 골짜기에서 흘러내리는 수정과도 같은 물을 보자, 정신이 맑아지고 마음이 깨끗해졌습니다.

"구룡 폭포는 이름 그대로 한 마리의 용이 하늘로 솟구치는 듯하다. 삼일포는 한 폭의 그림 같구나."

자연 앞에서 만덕의 마음이 차분히 가라앉았습니다. 세속을 벗어난 느낌이었습니다.

한양으로 돌아온 만덕은 정조를 만나기 위해 궁궐로 들어갔습니다.

"제주도로 돌아갈 생각이더냐?"

"예, 그렇사옵니다."

"한양에 있으면 새로운 경험들을 더 많이 할 수 있을 텐데."

정조는 만덕이 떠나는 게 아쉬웠습니다.

"저는 제주에서 태어난 제주 여자이옵니다. 고향으로 돌아가야지요."

정조는 아쉬운 마음에 만덕의 손을 굳게 잡았습니다.

"네 뜻이 그러하니 돌아가도록 하라. 돌아가서도 큰 뜻을 버리지 말고 살아라."

임금의 말에 만덕은 눈시울이 뜨거워졌습니다.

만덕은 드디어 제주도로 향하는 배에 올랐습니다. 포구에는 만덕을 마중 나온 사람들이 구름 같이 모여 들었습니다.

"만덕 할망! 만덕 할망!"

제주도로 돌아온 만덕은 더욱 검소하고 겸손하게 살았습니다.

초등 저학년을 위한 첫 역사책!

안녕? 역사야 (전9권)

〈안녕? 역사야〉 시리즈는

도깨비들이 과거로 날아가 역사의 궁금증을 풀어 주는 재미난 형식의 책입니다.
초등학교 한국사 교과서 내용을 아주 쉽게 알려주는 〈안녕? 한국사〉와
세계를 바라보는 넓은 시야를 갖게 해 주는 〈안녕? 중국사〉 세트로 구성되어 있습니다.
저학년의 눈높이에 맞춘 내용과 그림, 그리고 전문가의 꼼꼼한 감수까지 거친
〈안녕? 역사야〉 시리즈는 진정한 의미의 저학년 첫 역사책입니다.

안녕? 한국사 (전6권)

1권 **선사 시대** 우리 조상이 곰이라고?
2권 **삼국 시대** 최후의 승자는 누구일까?
3권 **고려 시대** 우리나라는 왜 코리아일까?
4권 **조선 시대①** 조선에 에디슨이 살았다고?
5권 **조선 시대②** 조선은 왜 망했을까?
6권 **근현대** 우리는 왜 남북으로 갈라졌을까?

글그림 백명식 | 감수 김동운(전 국사편찬위원회 교육연구관)
각 권 90쪽 내외

안녕? 중국사 (전3권)

1권 **고대** 중국 역사의 시작
2권 **중세** 통일된 중국, 세계에 우뚝 서다
3권 **근현대** 중국에 부는 변화의 바람

글 이한우리, 송민성 | 그림 이용규 | 감수 이근명(한국 외대 사학과 교수)
각 권 80쪽 내외